工会工作知识题库系列丛书

U0866493

工会财务工作知识题库

学习强会 编

中国工人出版社

图书在版编目（CIP）数据

工会财务工作知识题库 / 学习强会编 . —
北京：中国工人出版社，2023.6

ISBN 978-7-5008-8201-5

Ⅰ . ①工…　Ⅱ . ①学…　Ⅲ . ①工会工作 – 财务管理 – 中国 – 干部培训 – 习题集　Ⅳ . ① D412.67-44

中国国家版本馆 CIP 数据核字（2023）第 099630 号

工会财务工作知识题库

出 版 人　董　宽
责任编辑　周子欣　赵晨羽
责任校对　张　彦
责任印制　栾征宇
出版发行　中国工人出版社
地　　址　北京市东城区鼓楼外大街45号　邮编：100120
网　　址　http://www.wp-china.com
电　　话　（010）62005043（总编室）
　　　　　（010）62005039（印制管理中心）
　　　　　（010）62382916（工会与劳动关系分社）
发行热线　（010）82029051　62383056
经　　销　各地书店
印　　刷　北京市密东印刷有限公司
开　　本　787毫米×1092毫米　1/32
印　　张　3.75
字　　数　50千字
版　　次　2023年7月第1版　2023年7月第1次印刷
定　　价　16.00元

目　录
CONTENTS

单项选择题

扫码闯关答题

1. 工会财务工作是各级工会组织及其所属企事业单位，在谋求自身生存发展和履行工会的社会职能过程中，主要以（　）反映并监督工会运营，对筹集、分配、运用资金的活动进行管理的行为。

A. 金钱　　B. 货币　　C. 资金　　D. 现钞

2. 根据《工会法》的有关规定，全国总工会负责制定工会经费使用的具体办法，由各级工会组织遵照执行；工会应当根据（　）原则，建立预算、决算和经费审查监督制度。

A. 经费独立　　B. 经费分配

C. 资产独立　　D. 预算管理

3. 目前，中国工会实行（　）的工会财务管理体制。

A. 统一领导、独立核算　　B. 统一管理、分级负责

C. 统一调度、分级管理　　D. 统一领导、分级管理

4. 工会财务工作区别于企业、事业、行政财务的最大特点就是广泛的（　），工会经费的筹集、管理、使用都有相应的职工群众参与。

A. 阶级性　　B. 先进性

C. 群众性　　D. 政治性

5. （　）是各级工会组织在财务管理上进行职责权限划分和财力分配的制度，是确立上级工会和下级工会之间、地方工会和产业工会之间、县以上工会和基层工会之间经济关系的制度。

A. 工会财务管理体制　　B. 工会预算管理原则

C. 工会经费收支管理　　D. 工会财务监督原则

6. 1926 年，为加强工会财务工作建设，刘少奇同志撰写了（　）。

A. 《工会组织法》　　B. 《工会组织条例》

C. 《几个问题的说明》　　D. 《工会经济问题》

7. 工会会计是核算、反映、监督工会（　）的专业

会计。

A. 预算执行和经济活动　　B. 预算执行和财务状况

C. 财务状况和收支情况　　D. 收支情况和预算执行

8. 基层工会的（　）对基层工会会计工作和会计资料的真实性、完整性负责。

A. 法定代表人　　B. 财务工作负责人

C. 财务人员　　D. 工会干事

9. 工会财务工作的一个主要内容是会计核算。各级工会组织统一采用（　）进行会计核算。

A. 《工会会计制度》

B. 《工会财务监督暂行办法》

C. 《企业会计制度》

D. 《企业会计准则》

10. 下列不属于借贷记账法的特点的是（　）。

A. “借”表示增加，“贷”表示减少

B. 以“借”、“贷”为记账符号

C. 可根据借贷平衡原理进行试算平衡

D. 以“有借必有贷，借贷必相等”为记账规则

11. 科目汇总表是依据（　）编制的。

A. 记账凭证　　B. 原始凭证

C. 原始凭证汇总表　　D. 各种总账

12. 各级工会和所属预算管理单位必须按照（　），办理工会预算、决算。

A.《工会法》　　B.《预算法》

C.《预算法实施条例》　　D.《工会预算管理办法》

13. 关于会计等式，下列表述不正确的是（　）。

A. 资产=负债+净资产是复式记账法的基础

B. 资产=负债+净资产是编制资产负债表的依据

C. 收入-支出=结余是复式记账法的理论基础

D. 收入-支出=结余是编制收入支出表的依据

14. 县级以上工会的净资产类科目不包括（　）。

A. 工会资金结转　　B. 财政拨款结余

C. 结余　　D. 预算稳定调节基金

15. 关于工会资金结转科目表述不正确的是（ ）。

A. 本科目核算工会资金结转资金的调整、结转和滚存情况

B. “本年收支结转”明细科目核算工会本期非专项工会资金收支相抵后的余额

C. 本科目期末贷方余额，反映工会滚存的工会资金结转资金数额

D. “年初余额调整”属于工会资金结转的明细科目

16. 根据《工会会计制度》的规定，基层工会适用的结转科目是（ ）。

A. 工会资金结余　　B. 财政拨款结余

C. 工会资金结转　　D. 财政拨款结转

17. 与基层工会相比，县级以上工会专用的结转科目是（ ）。

A. 工会资金结余　　B. 财政拨款结余

C. 工会资金结转　　D. 财政拨款结转

18. 下列报表项目中期末无余额的是（ ）。

A. 货币资金　　B. 零余额账户用款额度

C. 累计折旧　　D. 专用基金

19. 借贷记账法建立在复式记账法原理的基础上，借贷记账法的基本记账规则是（　）。

A. 有借必有贷，借贷必相等

B. 有借不一定有贷

C. 借贷不平衡

D. 左借右贷

20. 以下应当确认为固定资产的设备有（　）。

A. 通用设备单位价值在500元以上，专用设备单位价值在800元以上

B. 通用设备单位价值在800元以上，专用设备单位价值在1000元以上

C. 通用设备单位价值在1000元以上，专用设备单位价值在1500元以上

D. 通用设备单位价值在1500元以上，专用设备单位价值在2000元以上

21. 应收款项应当按照（　）入账。

A. 总额　　B. 净额

C. 实际发生额　　D. 实际回收额

22. 以经营租赁方式租入的固定资产发生的改良支出应记入（　）。

A. 固定资产　　B. 在建工程

C. 待处理财产损溢　　D. 长期待摊费用

23. 下列表述错误的是（　）。

A. 各级工会应对其他应收款严格控制，健全手续，及时清理，不得长期挂账

B. 根据《工会会计制度》，原借入款业务纳入其他应收款业务核算

C. 借款人必须及时办理报销，并交回多余现金。尚未办理结算清账的，原则上不得再借

D. “其他应收款”科目期末借方余额，反映工会尚未收回的其他应收及暂付款项

24. 下列表述错误的是（　）。

A. 工会固定资产在取得时应当按照其实际成本入账

B. 无偿调入、接受捐赠的固定资产，按照《工会会计制度》规定所确定的成本入账

C. 固定资产修理费用直接记入当期支出

D. 自行建造的固定资产，以该项资产至竣工前所发生的全部必要支出记账

25. 下列关于固定资产折旧的表述错误的是（　）。

A. 工会应当按月计提折旧

B. 固定资产提足折旧后，无论是否继续使用，均不再计提折旧

C. 提前报废的固定资产，需要补提折旧

D. 当月减少的固定资产，当月不再计提折旧

26. 下列表述错误的是（　）。

A. 按月摊销无形资产时，按照应摊销的金额，借记“资产基金——无形资产”科目，贷记“累计摊销”科目

B. 无形资产应每年至少盘点一次

C. 无形资产计提摊销采用实提的方式

D. 固定资产计提折旧采用虚提的方式

27. 《工会会计制度》要求办公设备折旧年限是（ ）年。

A. 6 B. 8

C. 不低于6 D. 不低于8

28. 《工会会计制度》新增的基层工会资产类常用的主要科目是（ ）。

A. 无形资产 B. 固定基金

C. 累计折旧 D. 借出款

29. 《工会会计制度》规定，单位价值虽未达到规定标准，但是使用时间超过1年（不含1年）的大批同类物资，应当按照固定资产进行核算和管理，下列哪种情况符合这个规定（ ）。

A. 职工书屋购买的图书

B. 开展读书月活动下发职工的图书

C. 工会财务人员购买十本的工会新会计制度的学习书籍

D. 创新工作室购买的两本专业书籍

30. 工会预算是（　）按照一定程序核定的年度收支计划。

A. 各级工会组织

B. 县级以上工会组织

C. 各级工会组织及所属企事业单位

D. 各级工会组织及所属事业单位

31. 根据《工会预算管理办法》的规定，工会系统实行一级工会一级预算，预算管理实行（　）的原则。

A. 分级管理　　B. 独立管理

C. 下管一级　　D. 上管一级

32. 工会应当划分会计期间，（　）和编制会计报表。

A. 分期结算账款　　B. 定期核算账目

C. 定期结算账目　　D. 分期结算账目

33. 根据《工会预算管理办法》的规定，乡镇（街道）

工会、开发区（工业园区）工会预算管理职权由（ ）确定。

A. 上级工会　　B. 市级工会

C. 省级工会　　D. 全国总工会

34. 根据《工会预算管理办法》的规定，基层工会的工会预（决）算草案和预算调整方案应由（ ）审批。

A. 本级经费审查委员会　B. 本级工会委员会

C. 上级经费审查委员会　D. 上级工会委员会

35. 根据《工会法》等法律法规的规定，各级工会办公场所和工会活动设施等物质条件应由（ ）提供。

A. 各级人民政府

B. 单位行政

C. 各级人民政府和单位行政

D. 各级工会

36. 根据《工会预算管理办法》的规定，县级以上工会可根据所属事业单位分类情况，结合同级财政保障程度，对所属事业单位实行（　）补助。

A. 定额　　B. 定项

C. 全额　　D. 定额或定项

37. 根据《工会预算管理办法》的规定，各级工会在编制支出预算时，应重点支持维护职工权益、（　）和工会活动等工会中心工作。

A. 一般行政性支出　　B. 为职工服务

C. 基本支出　　D. 资本性支出

38. 根据《工会预算管理办法》的规定，县级以上工会的基本支出预算，应参照同级政府有关部门的有关规定、制度、费用标准以及核定的人员编制编列，当年未执行完毕的基本支出预算（　）。

A. 下年不可继续使用

B. 部分可在下年继续使用

C. 可在下年继续使用

D. 可在未来两年内继续使用

39. 根据《工会预算管理办法》的规定，各级工会当年预算收入不足以安排当年预算支出的，可以（　）弥补不足。

A. 向银行借款

B. 向政府借款

C. 变卖部分资产

D. 动用以前年度结余资金

40. 根据《工会预算管理办法》的规定，县级以上工会可以设置（　），用于弥补以后年度预算资金的不足。

A. 预备费　　B. 后备金

C. 机动资金　　D. 预算稳定调节基金

41. 根据《工会预算管理办法》的规定，省级（含）以下总工会预算必须由（　）集体审议决定。

A. 主席办公会　　B. 工会委员会

C. 党组　　D. 经费审查委员会

42. 根据《工会预算管理办法》的规定，各级工会应按照年度预算积极组织收入。按照（　）及时、足额拨缴工会经费，不得截留、挪用。

A. 上一年的比例　　B. 上级工会核定的比例

C. 经审部门核定的比例　　D. 规定的比例

43. 根据《工会预算管理办法》的规定，预算批准前，（　）和必要的基本支出可以提前使用。

A. 送温暖支出

B. 突发事件支出

C. 上一年结转的项目支出

D. 本级工会已确定年度重点工作支出

44. 根据《基层工会预算管理办法》的规定，基层工会预（决）算应向（　）公开。

A. 全体职工　　B. 全体工会会员

C. 全社会　　D. 工会内部

45. 下列不属于计算拨缴经费收入全部职工范畴的是（　）。

A. 本单位的正式职工

B. 离休、退休、退职人员

C. 本单位的合同制职工

D. 临时借调到外单位工作的职工

46. 根据《基层工会预算管理办法》的规定，基层工会（　）编制赤字预算。

A. 通常可以　　B. 通常不可以

C. 一般不得　　D. 不得

47. 基层工会女工委的日常开支一般记入（　）科目。

A. 职工活动支出　　B. 维权支出

C. 业务支出　　D. 行政支出

48. 根据《中华全国总工会关于全面实施预算绩效管理的实施意见》的规定，在县级（含）以上工会实施预算绩效管理时，要求预算支出的安排要统筹兼顾、突出重点、（　）。

A. 收支平衡　　B. 勤俭节约

C. 量力而行　　D. 略有结余

49. “健全工会经费预算绩效管理体系”要求在工会经费收入方面，要关注经费收入结构，加强分析研判，重视（　）。

A. 政府补助收入

B. 工会经费的截留挪用问题

C. 经费的足额及时划拨给上级工会

D. 基层工会经费能否足额到位

50. 根据《中华全国总工会关于全面实施预算绩效管理的实施意见》的规定，事业单位自有收入预算要重点关注（　）。

A. 收入的合规性　　B. 收入的结构

C. 收入的分配　　D. 财政补助收入的占比

51. 根据《中华全国总工会关于全面实施预算绩效管理的实施意见》的规定，工会机关各业务部门的预算绩效负责人是（　）。

A. 各不同项目的负责同志

B. 业务部门的主要负责同志

C. 财务部的主要负责同志

D. 各工会单位的主要负责同志

52. 根据《中华全国总工会关于全面实施预算绩效管理的实施意见》的规定，（　）要依法对预算绩效管理情况开展审计监督。

A. 各级工会经费审查委员会

B. 上级工会

C. 各省总工会

D. 全国总工会

53. 根据《工会预算支出绩效评价管理暂行办法》的规定，绩效评价的对象是（　）。

A. 项目资金

B. 上级补助资金

C. 财政资金

D. 纳入工会预算管理的资金

54. 根据《工会预算支出绩效评价管理暂行办法》的规定，绩效评价以（　）为重点。

A. 拨缴经费资金　　B. 上级补助资金

C. 财政资金　　D. 项目支出

55. 《工会决算报告制度》适用于各级工会组织及工会所属的（　）等单位。

A. 事业、企业

B. 事业、企业、协会

C. 事业、企业、协会、学会

D. 事业、企业、协会、学会、基金会

56. 根据《工会决算报告制度》的规定，工会决算报告主要包括：决算报表和（　）。

A. 会计报表　　B. 资产负债表

C. 工会管理情况分析　　D. 报表填报情况说明

57. 根据《工会决算报告制度》的规定，工会决算报表主要反映单位决算结果、财务状况和（　）等信息。

A. 预算情况　　B. 工会基本情况

C. 机构人员　　D. 预算绩效

58. 根据《工会决算报告制度》的规定，工会决算报表填报情况说明包括决算报表的说明和（　）。

A. 对重要指标的分析

B. 对全部指标的分析

C. 单位基本情况的说明

D. 重大会计政策变更的说明

59. 根据《工会决算报告制度》的规定，工会决算报表说明包括单位基本情况、数据审核情况、（ ）以及因重大事项或特殊事项影响决算数据的说明。

A. 年度所有支出结构

B. 年度所有收入结构和支出结构

C. 年度所有收支指标增减变动情况

D. 年度主要收支指标增减变动情况

60. 根据《工会决算报告制度》的规定，（ ）是工会决算报告工作的主管部门。

A. 各级工会的上级工会

B. 各级工会的上级工会财务部门

C. 全国总工会财务部

D. 各省级工会财务部

61. 根据《工会决算报告制度》的规定，省本级工会决算须经同级工会委员会（或常委会、主席办公会）讨论通过，并经（　）审查通过。

A. 常委会　　B. 主席办公会

C. 同级经费审查委员会　　D. 省级财政部门

62. 根据《工会新旧会计制度有关衔接问题的处理规定》，无形资产需要在（　）科目下设置明细科目进行核算。

A. 固定资产　　B. 累计折旧

C. 资产基金　　D. 专用基金

63. 根据分级管理的原则，县级范围工会决算报告的编制、汇总、批复以及数据汇总分析、考核评价、软件培训工作应由（　）组织和指导。

A. 县级总工会　　B. 市级总工会

C. 省级总工会　　D. 全国总工会

64. 各基层工会应按照（　）要求组织实施本单位的决算报告工作，真实、准确、完整、及时编制并报送本单位的决算报告。有所属单位的基层工会（　）按不同类型决算报告汇总后上报上一级工会财务管理部门。

A. 上级工会　需要　　B. 省级工会　需要

C. 上级工会　不需要　　D. 省级工会　不需要

65. 资产按照购置时所支付的现金或者现金等价物的金额计量的价值或者按照购置资产时所付出的对价的公允价值计量，称为（　）。

A. 历史成本　　B. 重置成本

C. 公允价值　　D. 现值

66. 根据《工会决算报告制度》的规定，县级以上工会财务管理部门应当认真做好决算审核备案工作，确保报送数据资料（　）。

A. 真实

B. 真实、完整

C. 真实、完整、准确

D. 真实、完整、准确、有效

67. 根据《工会决算报告制度》的规定，县级以上工会财务管理部门汇总的决算报告，应当在（　）财务部门规定的时间内报送。

A. 市级工会　　B. 上级工会

C. 省级工会　　D. 全国总工会

68. 根据《工会会计制度》的规定，"职工服务费用"项目不包括（　）发生的费用。

A. 职工创新活动　　B. 建家活动

C. 职工互助保障　　D. 后勤保障

69. 工会财务监督中，（　）重点关注单位内部控制制度建设、项目立项与预算编制审批等情况。

A. 专项监督　　B. 事前监督

C. 事中监督　　D. 事后监督

70. 工会财务监督中，（　）重点关注各项经济活动的合法合规性以及制度执行情况。

A. 专项监督　　B. 事前监督

C. 事中监督　　D. 事后监督

71. 工会财务监督中，（　）重点对资金使用绩效、会计报告质量进行监督评价。

A. 专项监督　　B. 事前监督

C. 事中监督　　D. 事后监督

72. 工会财务监督中，实施（　）一般应事先向被监督单位送达检查通知书，明确检查的重点内容、工作时限和具体要求。

A. 专项监督　　B. 事前监督

C. 事中监督　　D. 事后监督

73. 根据《工会法》的规定，侵占工会经费和财产拒不返还的，工会可以向（　）提起诉讼，要求返还，并赔偿损失。

A. 全国总工会　　B. 上级工会

C. 人民政府　　D. 人民法院

74. 违反《工会法》规定，非法撤销、合并工会组织的，由（　）以上人民政府责令改正，依法处理。

A. 省级　　B. 市级

C. 县级　　　　D. 乡级

75. 行政事业单位在业务层面风险评估时，应当重点关注资产管理情况，不包括（　）。

A. 是否实现资产归口管理并明确使用责任

B. 是否定期对资产进行清查盘点

C. 是否建立资产台账

D. 是否按照规定处置资产

76. 省级（不含）以下工会财务管理部门根据（　），组织实施本级和下一级工会财务监督。

A.《工会财务监督暂行办法》

B.《工会法》

C.《工会会计制度》

D.《省级工会财务监督实施细则》

77. 工会实施专项监督时，监督工作人员的回避，由（　）决定。

A. 全国总工会财务部门

B. 省级工会财务部门

C. 监督实施部门负责人

D. 监督实施部门财务负责人

78. 各级工会组织应在年度终了，按照《工会预算管理办法》和（　）的要求，编制本级工会收支决算草案和汇总编制本级年度工会决算报告。

A. 《工会决算报告制度》 B. 《工会法》

C. 《预算法》 D. 《工会会计制度》

79. 地市级工会财务管理部门负责编制本级机关决算报告，并分别按（　）、事业单位、企业及非营利组织四种类型汇总本级和所属各级工会的决算报告。

A. 机关 B. 工会组织

C. 其他社会组织 D. 社会团体

80. 省级工会财务管理部门汇总的决算报告，应在次年的（　）前上报全国总工会财务部。

A. 1 月底 B. 2 月底

C. 3 月底 D. 4 月底

81. 各级工会组织应该按照（　）对决算报告资料进行

归类整理、建档保存。

A.《工会预算管理办法》

B.《政府会计制度》

C.《工会决算报告制度》

D.《会计档案管理办法》

82. 基层工会可以用会员会费组织会员开展春游秋游等活动，会费不足部分可以用工会经费弥补，弥补部分不超过基层工会当年会费的（　）倍。

A. 二　　B. 三　　C. 四　　D. 五

83. 下列关于试算平衡的说法，不正确的是（　）。

A. 试算平衡包括发生额试算平衡和余额试算平衡

B. 如果试算平衡，说明总分类账的登记一定是正确的

C. 发生额试算平衡依据的是借贷记账法的记账规则

D. 余额试算平衡依据的是资产与权益的恒等关系

84. 下列关于原始凭证的填制要求的说法，正确的

是（　）。

A. 支票因错作废时，应及时撕毁

B. 原始凭证金额有错误的，应当由出具单位重开或更正，更正处应当加盖出具单位印章

C. 小写金额前要标明“￥”字样，中间不能留有空位。大写金额前要加“人民币”字样，大写金额与小写金额要相符

D. 对外开出的原始凭证必须加盖本单位公章和财务专用章

85. 绩效目标是预算绩效管理的基础，绩效目标管理包括绩效目标的设定、绩效目标的审核以及（　）。

A. 绩效目标的批复　　B. 绩效目标的管理

C. 绩效目标的实现　　D. 绩效目标的制定

86. 下列不属于政府采购内部管理制度的是（　）。

A. 政府采购预算与计划管理

B. 定期清查

C. 政府采购活动管理

D. 验收管理

87. 工会预算绩效评价应当遵循科学规范、公正公开、(　)、绩效相关的基本原则。

A. 略有结余　　B. 收支平衡

C. 讲求绩效　　D. 分级分类

88. 下列不属于工会预算绩效评价的基本内容的是(　)。

A. 绩效目标的批复情况

B. 资金投入和使用情况

C. 为实现绩效目标制定的制度、采取的措施

D. 绩效目标的实现程度及效果

89. 工会绩效评价指标由全国总工会提供参考模板，绩效评价指标的确定应当遵循相关性原则、重要性原则、(　)、系统性原则和经济性原则。

A. 可操作性原则　　B. 可比性原则

C. 客观性原则　　D. 科学性原则

90. 下列不属于工会预算绩效评价方法的是(　)。

A. 成本效益分析法　　B. 比较法

C. 因素分析法　　D. 最高成本法

91. 工会会员没有正当理由连续（　）不交纳会费、不参加工会组织生活，经教育拒不改正，应当视为自动退会。

A. 五个月　　B. 六个月

C. 七个月　　D. 八个月

92.《中华全国总工会关于收交工会会费的通知》中规定，工会会员每月应向工会组织交纳本人每月工资收入（　）的会费，工资尾数不足十元的不计交会费。

A. 百分之零点五　　B. 百分之零点六

C. 百分之零点七　　D. 百分之零点八

93. 下列不属于机关的工会会员的工资收入的是（　）。

A. 职务工资　　B. 级别工资

C. 各项津贴　　D. 工龄工资

94. 工资总额由计时工资、计件工资、（　）、津贴和补贴、加班加点工资、其他工资组成。

A. 奖金　　B. 社会保险费

C. 住房公积金　　D. 养老保险费

95.《中华全国总工会办公厅关于规范建会筹备金收缴管理的通知》明确规定，自上级工会批准筹建工会的次月起，筹建单位每月按全部职工工资总额的（　）向上级工会拨缴建会筹备金。

A. 2%　　B. 5%　　C. 8%　　D. 10%

96. 下列各项收入中，不属于工会经费收入中的上级工会补助收入的是（　）。

A. 送温暖补助

B. 专项工作经费补助

C. 困难职工帮扶资金补助

D. 行政补助收入

97. 乡镇（街道）、开发区（工业园区）工会要根据工会经费独立原则，开设独立的银行账户，实行工会经费（　）核算。

A. 分级　　B. 统一

C. 集中　　D. 独立

98. 分级管理不等于分散管理。各级工会的财务工作应由（　）归口管理，以充分发挥财务部门的专业优势。归口管理就是财务部门统一组织、管理、协调工会财务工作。

A. 财务部门　　B. 组织部门

C. 行政部门　　D. 组织和财务

99.《工会财务会计工作考核办法》是为了加强工会财务会计基础工作，规范工会财务（　），进一步提高工会财务管理水平。

A. 会计管理　　B. 资金管理

C. 工作人员管理　　D. 工作制度

100. 各省级工会按照省级以下各级工会经费分成比例由省级工会确定的原则，明确所辖乡镇（街道）、开发区（工业园区）工会的经费分成比例，报（　）备案。

A. 上一级工会　　B. 经费审查委员会

C. 全国总工会　　D. 地方财政部

101. 企业、事业单位、社会组织无正当理由拖延或者拒不拨缴工会经费，基层工会或者上级工会可以向当地人民法院申请支付令；拒不执行支付令的，工会可以依法申请人民法院（　）。

A. 责令执行　　B. 诉讼

C. 强制执行　　D. 诉前保全

102. 各级工会经费收支情况应当由（　）审查，并且定期向会员大会或者会员代表大会报告，接受监督。

A. 同级工会经费审查委员会

B. 上级工会经费审查委员会

C. 全国总工会

D. 会员大会

103. 工会组织合并，其经费资产归合并后的工会所有；工会组织撤销或解散，其经费资产由（　）处置。

A. 上级工会　　B. 当地人民政府

C. 全国总工会　　D. 以上都可以

104. 全国总工会每年从（　）经费中，安排专项资金用于乡镇（街道）、开发区（工业园区）工会的工作经费。

A. 对下补助　　B. 会费

C. 行政　　D. 帮扶资金

105. 有条件的乡镇（街道）工会可以建立会计核算中心，对所辖小型企业工会实行集中核算，（　）。

A. 集中管理　　B. 分散管理

C. 单独管理　　D. 分户管理

106. 《中华全国总工会关于全面实施预算绩效管理的实施意见》中提出，力争用（　）年时间，在县级（含）以上工会基本建成全方位、全过程、全覆盖的预算绩效管理体系。

A. 1—2　　B. 2—3　　C. 3—5　　D. 4—6

107. 根据《工会送温暖资金使用管理办法（试行）》

的规定，各级工会年度预算安排时以（　）为原则，切实保证经费投入。

A. 常态化送温暖　　B. 总人数

C. 最初预算　　D. 实名制

108. 根据《基层工会经费收支管理办法》的规定，下列不属于基层工会经费收入范围的是（　）。

A. 政府补助收入　　B. 拨缴经费收入

C. 上级补助收入　　D. 会员会费

109. 下列不属于会员会费计提范围的收入是（　）。

A. 职务工资　　B. 绩效工资

C. 级别工资　　D. 等级工资

110. 《工会会计制度》的相关科目中有专门适用于基层工会的会计科目和专门适用于县级以上工会的科目。一般的基层工会可以使用（　）个科目的核算体系进行会计核算；县级以上工会组织采用（　）个科目体系进行会计核算。

A. 20　45　　B. 24　45

C. 24　40　　D. 20　40

111.《工会财务监督暂行办法》所称财务监督，是指各级工会财务部门根据国家有关法律法规和工会财务制度，运用一定的监督方法对本级机关和所属单位及下一级工会（　）进行的监督检查。

A. 财务活动　　B. 经费收缴

C. 资产支出　　D. 财务工作人员

112. 根据《工会会计制度》的规定，县级以上工会仅需按年度编制的报表是（　）。

A. 资产负债表　　B. 收入支出表

C. 财政拨款收入支出表　　D. 成本费用表

113. 工会以货币资金方式对外投资的，投资成本包括（　）。

A. 购买价款　　B. 税金

C. 手续费　　D. 以上都对

114. 根据《工会决算报告制度》的规定，重要指标分析是对决算报表中的部分重要指标进行分析比较，揭示（　）等方面的情况和问题。

A. 预算执行

B. 预算执行、会计核算

C. 预算执行、会计核算、绩效评价

D. 预算执行、会计核算、财务管理

115. 根据《工会预算管理办法》的规定，各级工会本级预算经批准后，应当在（　）内批复所属预算单位。

A. 十五日　　B. 二十日

C. 三十日　　D. 六十日

116. 各级工会应当坚持事前、事中和事后监督相结合的原则，建立健全覆盖（　）全过程的工会财务监督工作机制。

A. 日常监督和专项监督相结合

B. 资金运行

C. 各类资金和财务运行

D. 工会资金和财务管理

117. 下列不属于工会专项业务支出的是（　）。

A. 组织建设支出　　B. 劳模津贴支出

C. 扶贫支出　　D. 兼职工会干部的补贴

118. 根据县域经济发展情况及基层工会数、职工会员数和经费拨缴情况，可以对经费紧张的县级工会采取（　）的方式给予经费支持。

A. 专项补助　　B. 转移支付

C. 经费返还　　D. 专项拨款

119. 下列可以从工会经费中开支会议支出的是（　）。

A. 职代会

B. 企事业单位召开的先进工作者表彰大会

C. 公司年会

D. 工会会员（代表）大会

120. 下列关于会计基本职能的说法，不正确的是（　）。

A. 即使没有会计监督，会计核算也可以提供高质量的会计信息

B. 会计核算是会计监督的基础

C. 会计监督是会计核算的质量保障

D. 没有核算提供的各种信息，监督就失去了依据

121. 根据《工会新旧会计制度有关衔接问题的处理规定》的规定，县级以上工会应该分析原账“结余”科目余额，将符合结转性质的财政资金余额转入新账（　）科目。

A. 工会资金结转　　B. 工会资金结余

C. 财政资金结转　　D. 财政资金结余

122. 根据《工会决算报告制度》的规定，决算分析报告的主要内容包括（　）等。

①预算与决算差异分析；②收入、支出、结余年度间变动原因分析；③资金使用效益分析；④资产、负债规模与结构分析；⑤机构、人员对比分析

A. ①+②　　B. ①+②+③

C. ①+②+③+④　　D. ①+②+③+④+⑤

123. 党政机关依法取得的罚没收入、行政事业性收费、政府性基金、国有资产收益和处置等非税收入应当（　）。

A. 在机关所属工会、培训中心、服务中心等单位账户使用

B. 发放给职工

C. 隐瞒、截留、挤占、挪用

D. 及时足额上缴国库

124. 下列不属于工会经费来源的是（　）。

A. 会员缴纳的会费

B. 企业、事业单位、机关和其他社会组织按全部职工工资总额的2%向工会拨缴的经费或者建会筹备金

C. 工会所属的企业、事业单位取得的全部收入

D. 人民政府和企业、事业单位、机关和其他社会组织的补助

125. 新《工会会计制度》取消了（　）一级科目。

A. 专用基金　　B. 后备金

C. 增收留成基金　　D. 预算稳定调节基金

126. 财务监督工作人员实施监督过程中滥用职权、徇私舞弊、玩忽职守、泄露秘密的，由所在单位依规依纪给予处理；涉嫌违纪违法或犯罪的，移交（　）查处。

A. 纪委　　B. 上级工会

C. 纪检监察或司法机关　　D. 公安机关

127. 属于会计职能中的监督职能的是（　）。

A. 实施会计监督　　B. 预测经济前景

C. 参与经济决策　　D. 评价经营业绩

128. 下列各选项中，属于库存物品发生盘盈时，应贷记的科目是（　）。

A. 其他收入　　B. 其他支出

C. 上级补助收入　　D. 资本性支出

129. 从严控制执法执勤用车配备范围、编制和标准，执法执勤用车配备应当严格限制在（　）岗位。

A. 机关内部管理　　B. 一线执法执勤

C. 机关所属事业单位　D. 后勤

130. 根据《工会会计制度》的规定，在支出类科目中，工会对职工书屋进行维护的支出应记入（　）科目。

A. 行政支出　　B. 业务支出

C. 职工活动支出　D. 职工服务支出

131. 新建、调整办公用房的单位，应当按照（　）的原则，在搬入新建或者新调整办公用房的同时，将原办公用房腾退移交机关事务管理部门统一调剂使用。

A. 公开透明

B. 控制总量

C. 从严核定

D. "建新交旧"、"调新交旧"

132. 根据《工会预算管理办法》的规定，工会系统实行一级工会一级预算，预算管理实行下管一级的原则。各级工会的预算收入和预算支出（　）。

A. 实行收付实现制

B. 实行权责发生制

C. 主要实行收付实现制，部分实行权责发生制

D. 主要实行权责发生制，部分实行收付实现制

133. 根据《工会会计制度》的规定，基层工会适用的结余科目是（　）。

A. 工会资金结余　　B. 财政拨款结余

C. 工会资金结转　　D. 财政拨款结转

134. 根据《工会预算支出绩效评价管理暂行办法》的规定，（　）负责制定工会预算支出绩效评价制度。

A. 本级工会　　B. 本级工会财务部

C. 省总工会　　D. 全国总工会

135. 某市总工会将废旧物资处置的现金收入存入银行，编制会计分录时，借方会计科目是（　）。

A. 银行存款——基本存款户

B. 银行存款——其他存款户

C. 银行存款——经费集中户

D. 银行存款——代管经费

136. 《工会会计制度》要求娱乐设备折旧年限是（　）年。

A. 2—3　　B. 3—5

C. 5—8　　D. 5—15

137. 《工会会计制度》要求工会专用设备折旧年限最短不低于（　）年。

A. 5　　B. 10　　C. 15　　D. 20

138. 制定《基层工会预算管理办法》是为了规范基层工会（　），加强基层工会预算管理和监督，保障基层工会健康发展和职能有效发挥，不断提高基层工会经费使用效益。

A. 预算管理　　B. 经费管理

C. 账务处理　　D. 收支行为

139. 实施专项监督时，监督工作人员应取得相关证据，编制（　），完整记录监督事项，做到事实清楚、定性准确、责任明晰。

A. 财务工作报告　　B. 财务监督工作底稿

C. 财务工作报表　　D. 监督工作总结

140. 根据《工会会计制度》的规定，年度资产负债表中金额为零的项目是（　）。

A. 货币资金　　B. 零余额账户用款额度

C. 累计折旧　　D. 固定资产

141. 根据《工会决算报告制度》的规定，各单位（　）对本单位的决算报告真实性和完整性负责。

A. 财务部　　B. 负责人

C. 会计　　D. 出纳

142. 根据《工会送温暖资金使用管理办法（试行）》的规定，工会权益保障部门会同（　）提出送温暖资金的分配和使用方案，经同级工会领导集体研究通过后实施。

A. 组织部门　　B. 法律保障部门

C. 财务部门　　D. 经审部门

143. 根据《工会决算报告制度》的规定，各级工会组织财务管理部门在对上报的决算报告进行监督检查时，可与（　）工作相结合。

A. 工会审计　　B. 经费审查

C. 巡查巡视　　D. 财务监督

144. 省级工会应当根据《工会财务监督暂行办法》的相关规定，结合实际工作，制定本级财务监督实施细则，并报（　）备案。

A. 财政部　　B. 全国总工会

C. 全总财务部　　D. 当地人民政府

145. 基层工会应根据（　）的要求，结合本单位实际，制定年度工会工作计划。

A. 上级工会　　B. 本级工会

C. 全总财务部　　D. 经费审查委员会

146. 县级以上工会对下级工会决算报告采取审批还是备案方式，由（　）财务管理部门根据自身需要确定。

A. 县级以上工会　　B. 市级工会

C. 省级工会　　D. 全国总工会

147. 加强区域性、行业性工会联合会工作经费保障，建立区域性、行业性工会联合会建设专项经费，并列入（　）年度预算，保障工会联合会正常运转。

A. 上级工会　　B. 本级工会

C. 省级工会　　D. 全国总工会

148. 2021 年 4 月 14 日，财政部发布了修订的《工会会计制度》，于（　）起施行。

A. 2022 年 1 月 1 日　　B. 2021 年 12 月 31 日

C. 2021 年 7 月 1 日　　D. 2021 年 10 月 1 日

149. 各地工会可结合实际，建立区域性、行业性工会联合会工会干部日常性工作补贴制度，对（　），可给予适当的工作补贴。

A. 非国家工作人员担任的工会主席、副主席及其

他工会干部

B. 由国家工作人员兼任的工会主席、副主席及其他工会干部

C. 社会化工会工作者

D. 工会会员

150. 基层工会应按照上级工会规定的（　），科学测算完成工作计划的资金需求，统筹落实各项收入，准确编制工会经费年度预算。

A. 经费开支标准　　B. 预算经费

C. 收缴标准　　D. 行政支出

151. 《中华全国总工会关于全面实施预算绩效管理的实施意见》明确全面实施预算绩效管理是深化工会财务预算改革、健全完善工会财务管理制度、优化工会资金配置的重要举措，要求县级（含）以上工会要在（　）全面实施预算绩效管理。

A. 1—2 年间　　B. 2—3 年间

C. 3—5 年间　　D. 5—8 年间

152. 下列不属于工会预算绩效评价的主要依据的是（　）。

A. 国家相关法律、法规和规章制度

B. 上级工会的工作目标任务

C. 预算管理制度、资金及财务管理办法、财务会计资料

D. 申请预算时提出的绩效目标及预算批复

153. 下列哪项不属于政府补助收入（　）。

A. 工会收到财政拨付的离退休人员离退休费和生活补贴

B. 同级财政拨付的送温暖经费

C. 同级财政拨付的劳动模范补助

D. 工会收到行政拨付的劳动竞赛经费

154. （　）应当给予工会组织办公和开展活动提供必要的设施和办公场所，以及对工会开展活动或购置设备、维修房屋等给予补助。

A. 各级人民政府　　　　B. 上一级工会

C. 全国总工会　　D. 人民法院

155. 下列哪项不属于工会开展活动的费用（　）。

A. 企业光荣榜制作的设备材料费

B. 基层工会差旅、维修等方面的费用

C. 协助基层单位行政办学的职工教育费

D. 企业行政主办由工会进行管理的广播站、人员、设备等费用

156. 县级以上工会要加强对本级所属单位预算执行管理，建立预算资金拨付管理制度。根据（　），按时拨付基本支出预算资金。

A. 均衡原则　　B. 独立原则

C. 平均原则　　D. 及时原则

157. 财务监督发现的违规违纪违法行为，情节较轻的，（　），或建议有关部门进行组织处理。

A. 移交纪检监察机关处理

B. 移送司法机关查处

C. 责令限期改正

D. 向上级工会汇报

158. 对于基层工会的工会经费使用，要严格按照（　）的要求开支，确保经费使用合法合规，切实增强基层工会工作的保障水平。

A.《工会决算报告制度》

B.《基层工会经费收支管理办法》

C.《工会财务监督暂行办法》

D.《中华全国总工会关于全面实施预算绩效管理的实施意见》

159. 下列不属于基层工会的工会经费使用原则的是（　）。

A. 遵纪守法、经费独立原则

B. 预算管理原则

C. 量入为出原则

D. 服务职工、勤俭节约、民主管理原则

160. 根据《工会法》的有关规定，基层工会专职工作人员的工资、奖励、补贴由（　）承担。

A. 所在单位　　B. 全国总工会

C. 上一级工会　　D. 人民政府

161. 基层工会应严格控制工会经费收支，各项收支实行工会委员会集体领导下的（　），重大收支须由集体研究决定。

A. 集体责任制　　B. 统一领导制

C. 主席负责制　　D. 民主管理制

162. 县级以上工会应按照“统一领导、分级负责”的原则，健全财务监督工作机制，加强对本级机关和所属单位及下一级工会的财务监督，并主动配合（　）、上一级经费审查机构做好审计监督工作。

A. 国家审计　　B. 全国总工会

C. 省级工会　　D. 人民法院

163. 全国总工会本级工会经费全年收入的（　）用于对下级工会的补助，通过经费补助实行项目化管理，把其中大部分资金，经省级工会转拨补助到乡镇（街道）、开发区（工业园区）工会和基层工会。

A. 60%　　B. 70%　　C. 80%　　D. 90%

164. 为了加强工会经费管理，认真做好工会经费独立核算工作，根据（　）和中国人民银行的有关规定，各级工会必须单独开立银行账户，独立核算。

A.《工会会计制度》　　B.《工会法》

C.《预算法》　　D.《企业会计准则》

165. 工会依法取得（　）资格，是单独开立银行账户的依据。

A. 企业法人　　B. 机关法人

C. 社会团体法人　　D. 事业单位法人

166. 工会会计处理应以工会的（　）为前提。

A. 持续经营　　B. 持续运行

C. 持续改革　　D. 持续发展

167. 对尚不具备独立核算条件的乡镇（街道）、开发区（工业园区）工会，可实行由（　）财务集中管理、分户核算的“上代下”会计核算模式，或者可建立乡镇（街道）、开发区（工业园区）工会会计核算中心，实行集中核算，分户管理。

A. 县级工会　　B. 上一级工会

C. 省级工会　　D. 全国总工会

168. 下列哪项不属于工会会计要素（　）。

A. 资产　　B. 负债

C. 净资产　　D. 债券

169. 工会会计核算要求会计信息具有相关性、客观性、明晰性、可比性、重要性、（　），并要求对指定用途的资金按规定的用途专款专用。

A. 效力性　　B. 科学性

C. 公正性　　D. 及时性

170. 工会会计的核算基础是（　）。

A. 权责发生制

B. 收付实现制和权责发生制相结合

C. 收付实现制

D. 以权责发生制为基础，以收付实现制为补充

171. 流动资产是指预计在一年内（含一年）变现或者耗用的资产。其主要包括货币资金、应收款项、（　）等。

A. 库存物品　　B. 实物资产

C. 股权投资　　D. 累计摊销

172. 工会固定资产一般包括以下几类：房屋及构筑物；专用设备；通用设备；文物和陈列品；（　）；家具、用具、装具及动植物。

A. 图书、档案　　B. 图书、杂志

C. 图书、资料　　D. 图书、信息

173. 应付职工薪酬是工会按照国家有关规定应付给本单位职工及为职工支付的各种薪酬，下列哪项不属于应付职工薪酬（　）。

A. 国家统一规定的津贴补贴

B. 改革性补贴

C. 社会保险

D. 社团活动费

174. 工会经费管理制度由（　）制定，工会经费具有独立管理的性质。

A. 全国总工会　　B. 人民政府

C. 人民法院　　D. 经费审查委员会

175. 下列关于损益类账户的相关说法中，不正确的是（　）。

A. 损益类账户划分为支出类账户和收入类账户

B. 支出类账户与收入类账户记录增加的方向一致

C. 收入类账户借方登记减少额，贷方登记增加额

D. 支出类账户借方登记增加额，贷方登记减少额

176. 会计账簿一般可以分为总账、（　）、日记账和其他辅助账簿。

A. 明细账　　B. 分户账

C. 日结单　　D. 登记簿

177. 关于会计岗位设置以及人员配置的注意事项，下列说法不正确的是（　）。

A. 会计工作岗位，可以一人一岗、一人多岗或者

一岗多人

B. 会计人员的工作岗位是固定的，不可以轮换

C. 国家机关、国有企业和事业单位任用会计人员应当实行回避制度

D. 会计机构负责人、会计主管人员的直系亲属不得在本单位会计机构中从事出纳工作

178. 当年形成的会计档案，在会计年度终了后，可由单位会计管理机构临时保管（　），再移交单位档案管理机构保管。

A. 一年　　B. 两年

C. 三个月　　D. 六个月

179. （　）是基层工会预算执行的依据。

A. 固定资产　　B. 经批准的预算

C. 资金额度　　D. 上级补助金

180. 劳务派遣工的工会拨缴经费应由（　）提取。

A. 用工单位

B. 用工单位和劳务派遣单位共同协商确定

C. 劳务派遣单位

D. 本人

181. 根据《基层工会经费收支管理办法》的规定，“逢年过节”不包括（ ）。

A. 春节 B. “五一”劳动节

C. “六一”儿童节 D. 国庆节

182. 各级工会的财务活动必须接受的监督不包括（ ）。

A. 国家和社会监督

B. 经审监督

C. 民主监督

D. 单位行政内部审计部门监督

183. 下列不属于各级工会其他支出的是（ ）。

A. 资产盘亏 B. 固定资产处置净损失

C. 捐赠、赞助 D. 投资损失

184. 下列关于资产负债表的说法，不正确的是（ ）。

A. 资产负债表，是反映工会某一会计期间全部资

产、负债和净资产情况的报表

B. 资产负债表分为左右两方，左方列示资产各项目，反映全部资产的分布及存在形态；右方列示负债和净资产各项目，反映全部负债和净资产的内容及构成情况

C. 资产负债表“零余额账户用款额度”项目，反映县级以上工会期末尚未支用的零余额账户用款额度金额

D. 资产负债表“应收上级经费”项目，反映工会期末应收未收的上级工会应转拨（或拨付）的工会拨缴经费及补助金额

185. 《党政机关厉行节约反对浪费条例》、《党政机关国内公务接待管理规定》都是（　）年发布的。

A. 2013　　B. 2014　　C. 2015　　D. 2016

186. 关于代建制项目，项目完工交付使用资产时，按照代建单位转来在建工程成本中尚未确认入账的金额，下列会计处理正确的是（　）。

A. 借记“在建工程——建筑安装工程”

B. 借记“其他应收款”

C. 贷记“资本性支出”

D. 贷记“资产基金——在建工程”

187. 某市总工会因办公大楼维修，临时租用办公室，银行转账支付租金100000元，记入（ ）科目。

A. 资本性支出　　B. 其他支出

C. 行政支出　　D. 长期待摊费用

188. 某市总工会采购一项软件技术，价款是500000元，验收合格后银行付讫，进行账务处理时借方科目为（ ）。

A. 资本性支出和无形资产

B. 资本性支出和固定资产

C. 固定资产和无形资产

D. 无形资产和其他支出

189. 某市总工会要报废一批固定资产，进行会计处理时，会计人员应先将此固定资产转入（ ）科目核算。

A. 长期待摊费用　　B. 库存物品

C. 待处理财产损溢　　D. 资产基金

190. 根据《工会会计制度》的规定，取消的建设项目发生的可行性研究费，按照实际发生金额，借记在建工程科目下的（　）明细科目。

A. 待摊投资　　B. 基建转出投资

C. 待核销基建支出　　D. 其他支出

191. 行政事业单位内部控制应当在单位内部的部门管理、职责分工、业务流程等方面形成相互制约和相互监督，这体现了（　）原则。

A. 制约性　　B. 监督性

C. 制衡性　　D. 适应性

192. 某市总工会从上级工会收到困难职工专项补助200000元、劳模专项补助收入500000元，进行会计处理时，下列选项正确的是（　）。

A. 借记上级补助收入——专项转移支付补助

B. 借记上级补助收入——一般性转移支付补助

C. 贷记上级补助收入

D. 贷记拨缴经费收入

193. 某基层工会收到单位行政拨付的职工运动会补助20000元，会计处理涉及的科目有（　）。

A. 借记职工活动支出

B. 借记零余额账户用款额度

C. 贷记行政补助收入

D. 贷记上级补助收入

194. 某基层工会购入一项软件技术，价款是360000元，按规定摊销10年。购入无形资产当月，开始计提摊销（　）元。

A. 1000　　B. 1500　　C. 2500　　D. 3000

195. 某市总工会进行财产盘点，盘盈电脑一台，重置价值为3000元。进行会计处理时涉及的会计科目是（　）。

A. 长期待摊费用和固定资产

B. 固定资产和待处理财产损溢

C. 待处理财产损溢和资产基金

D. 资产基金和长期待摊费用

196. 某基层工会车队有公用车 10 辆，每辆公用车价值均为 150000 元，预计使用年限均为 10 年。采用年限平均法计提折旧，该工会车队所有公务用车年折旧额之和为（ ）元。

A. 15000
B. 150000
C. 10000
D. 1500

197. 根据《工会预算管理办法》的规定，县级以上工会可以按照本级预算支出额的（ ）设置预备费。

A. 1%~2%
B. 1%~3%
C. 1%~4%
D. 1%~5%

198. 根据《工会决算报告制度》的规定，县级以上工会汇总决算报告时，应抵消上下级之间、（ ）对应的重复项目。

A. 平级单位之间

B. 工会组织和同级财政部门之间

C. 基层工会组织和同级行政单位之间

D. 工会组织和全国总工会之间

199. 根据《工会决算报告制度》的规定，决算批复内容包括所批复单位的工会经费（ ）。

①收入；②支出；③结余；④其他决算数据

A. ② B. ①+②

C. ①+②+③ D. ①+②+③+④

200. 根据《2021年度工会决算报表》填报说明中关于"预算层级"，若是基层工会、产业工会、工会联合会，乡镇（街道）、产业园区（工业园区）工会，需选择（ ）。

A. 全国总工会

B. 地市级

C. 县级

D. 根据实际情况上级工会的层级

多项选择题

扫码闯关答题

1. 财务管理侧重于控制和参与预测、决策及对经济工作的调节，包括（　）等。

A. 财务管理体制与经费分成

B. 工会预算的编制与审批

C. 预（决）算管理

D. 经费收缴、使用与管理

E. 财务监督检查

2. 会计工作侧重于反映和监督经济活动过程，包括（　）等。

A. 填制会计凭证

B. 登记账簿

C. 编制报表

D. 财产清查

E. 质量检查与资料管理

3. 工会财务工作的任务主要是（　）工会经费。

A. 收好　　B. 管好

C. 用好　　D. 支配好

E. 核算好

4.《工会法》明确规定的工会经费的来源包括（　）。

A. 工会会员缴纳的会费

B. 建立工会组织的用人单位按每月全部职工工资总额的百分之二向工会拨缴的经费

C. 工会所属的企业、事业单位上缴的收入

D. 人民政府的补助

E. 其他收入

5. 工会组织的预算收入包括：（　）行政补助收入、事业收入、投资收益和其他收入。各项收入均应纳入预算管理。

A. 会费收入　　B. 拨缴经费收入

C. 上级补助收入　　D. 政府补助收入

E. 行政事业收入

6. 以下属于会计基本职能的有（　）。

A. 核算　　B. 监督

C. 确认　　D. 预测经济前景

E. 开立账户

7. 根据《工会会计制度》的规定，县级以上工会应该（　）。

A. 建立健全内部控制制度

B. 组织指导下级工会会计工作

C. 检查下级工会会计工作

D. 负责制定相关工作实施细则

E. 组织工会会计人员培训

8. 工会会计基础管理包括工会会计机构管理（　）等内容。

A. 工会会计人员管理　　B. 工会会计交接管理

C. 工会会计制度管理　　D. 工会会计档案管理

E. 工会会计账务管理

9. 工会会计要素包括（　）。

A. 资产和负债　　B. 净资产
C. 收入和支出　　D. 净利润
E. 会计凭证

10. 下列（　）会计资料应当进行归档。
A. 会计凭证　　B. 会计账簿
C. 财务会计报告　　D. 其他会计资料
E. 内部制度

11. 不属于应收上级经费明细科目的是（　）。
A. 应收上级补助　　B. 应收上级转拨经费
C. 应收建会筹备金　　D. 应收上级转拨补助
E. 代管经费

12. 基层工会特有的会计科目有（　）。
A. 职工活动组织支出　　B. 维权支出
C. 会费收入　　D. 行政补助收入
E. 其他收入

13. 下列科目中，属于县级以上工会特有的会计科目的是（　）。

A. 职工活动支出　　B. 职工服务支出

C. 补助下级支出　　D. 行政支出

E. 安排预算稳定调节基金

14. 各级工会都需编制的报表是（　）。

A. 资产负债表　　B. 收入支出表

C. 财政拨款收入支出表　　D. 国有资产情况表

E. 成本费用表

15. 县级以上工会需编制的报表是（　）。

A. 资产负债表　　B. 收入支出表

C. 财政拨款收入支出表　　D. 国有资产情况表

E. 成本费用表

16. 工会会计报表编制的基本要求是（　）。

A. 数字准确　　B. 内容完整

C. 报送及时　　D. 分工明确

E. 责任到人

17. 工会财务报表包括（　）。

A. 资产负债表　　B. 收入支出表

C. 财政拨款收入支出表　D. 国有资产情况表

E. 附注

18. 报表附注中应该包括（　）。

A. 遵循《工会会计制度》的声明

B. 整体财务状况的说明

C. 预算执行情况的说明

D. 重要会计政策及其变更情况的说明

E. 重要会计估计的说明

19. 工会预算一般分为五级，即（　）和基层工会。

A. 全国总工会　B. 省级工会

C. 市级工会　D. 县级工会

E. 基层工会和乡镇（街道）工会

20. 根据《工会预算管理办法》的规定，县级以上工会预算收入包括：（　）、投资收益、其他收入。

A. 会费收入　B. 拨缴经费收入

C. 上级补助收入　D. 政府补助收入

E. 附属单位上缴收入

21. 根据《基层工会预算管理办法》的规定，基层工会预算收入包括：（ ）、附属单位上缴收入、投资收益、其他收入。

A. 会费收入 B. 拨缴经费收入

C. 上级补助收入 D. 行政补助收入

E. 政府补助收入

22. 根据《工会预算管理办法》的规定，在编制工会预算草案时，应参考（ ）。

A. 上一年预算执行情况

B. 存量资产情况

C. 有关支出绩效评价结果

D. 规模同等的同级工会预算情况

E. 整体财务状况

23. 根据《工会预算管理办法》的规定，上级工会对下级工会的转移支付分为（ ）。

A. 一般性转移支付 B. 专项转移支付

C. 直接支付 D. 授权支付

E. 提前支付

24. 根据《工会预算管理办法》的规定，县级以上工会可以按照本级预算支出额的一定比例设置预备费，用于当年预算执行中的（　）。

A. 因处理突发事件的开支

B. 政策性增支

C. 其他难以预见的开支

D. 因预算估计不足的调增预算

E. 一般公共预算支出

25. 根据《工会预算管理办法》的规定，预算执行中，属于应当进行预算调整的事项有（　）。

A. 需要增加预算总支出的

B. 需要减少预算总支出的

C. 动用预备费仍不足以安排支出的

D. 需要调减预算安排的重点支出数额的

E. 动用预算稳定调节基金的

26. 根据《工会预算管理办法》的规定，（　）应全面实施预算绩效管理。

A. 所有的基层工会　　B. 具备条件的基层工会

C. 县级工会　　D. 市级工会

E. 省级工会

27. 工会房屋及构筑物包括（　）。

A. 业务用房　　B. 管理用房

C. 简易房　　D. 构筑物

E. 房屋附属设施

28. 根据《基层工会预算管理办法》的规定，基层工会包括（　）。

A. 企业工会委员会

B. 事业单位工会委员会

C. 机关工会委员会

D. 其他社会组织工会委员会

E. 工会联合会

29. 工会财务部门要依据全国总工会相关政策、资金支出方向和重点、部门职能等对预算单位提出的绩效目标进行审核，包括（　）等。

A. 绩效目标与部门职能的相关性

B. 绩效目标设定的客观性

C. 绩效目标的实现所采取措施的可行性

D. 绩效指标设置的科学性

E. 实现绩效目标所需资金的合理性

30. 拨缴工会经费是国家以立法形式维护工会权益的具体表现，它具有（　）的特性。

A. 强制性　　B. 客观性

C. 无偿性　　D. 公正性

E. 固定性

31. 工资总额不包括的项目是（　）。

A. 根据国务院发布的有关规定颁发的创造发明奖、国家星火奖、自然科学奖、科学技术进步奖和支付的合理化建议和技术改进奖以及支付给运动员在重大体育比赛中的重奖

B. 有关劳动保险和职工福利方面的费用

C. 有关离休、退休、退职人员待遇的各项支出

D. 机关、事业单位的奖励工资

E. 为保证职工工资水平不受物价变动影响而支付的各种补贴

32. 出台《关于进一步加强工会资金存放管理的指导意见》的主要目的是（　）。

A. 建立健全科学规范、公正透明的工会资金存放管理机制

B. 防范资金存放安全风险和廉政风险

C. 提高资金收益

D. 提高资金存放综合效益

E. 提高资金利用效率

33. 无形资产是指工会控制的没有实物形态的可辨认非货币性资产，下列属于无形资产的是（　）。

A. 专利权　　B. 商标权

C. 著作权　　D. 专用设备

E. 非专利技术

34. 成立工会组织当月起，上级工会应将扣除工会组建相关支出后的建会筹备金余额，按照（ ）的规定比例及时进行分成、解缴。

A. 全国总工会　　B. 所在省级工会

C. 所在市级工会　　D. 所在县级工会

E. 上一级工会

35. 各级工会要保障乡镇（街道）工会的工作经费，通过（ ）等方式，保障乡镇（街道）工会正常运行。

A. 经费留成　　B. 上级工会补助

C. 财政支持　　D. 向地方财政申请资金

E. 向全国总工会申请资金

36. 乡镇工会开展各种（ ）服务项目和活动，要积极争取地方政府和社会的支持。

A. 群众性　　B. 普惠性

C. 社会性　　D. 公益性

E. 公正性

37. 县级以上工会的工会经费支出管理应遵循依法依规、（　）、注重绩效的原则。

A. 群众性　　B. 全面预算

C. 聚焦主责　　D. 厉行节约

E. 量入为出

38. 基层工会的工会经费支出范围包括：（　）、事业支出与其他支出。

A. 职工活动支出　　B. 维权支出

C. 预算支出　　D. 业务支出

E. 资本性支出

39. 《工会会计制度》的特点包括（　）。

A. 依法依规　　B. 问题导向

C. 继承发展　　D. 务实简化

E. 公平公正

40. 工会的资产是过去的经济业务或者事项形成的，由工会控制的，预期能够产生服务潜力或者带来经济利益流入的经济资源。主要包括（　）、投资、固定资产、累计折旧、累计摊销以及长期待摊费用等。

A. 不动产　　B. 实物资产

C. 长期资产　　D. 流动资产

E. 无形资产

41. 工会资产通过多种渠道形成并受国家法律保护，由工会享有所有权（拥有占有、使用、收益和处分权）的动产与不动产，是工会组织发展壮大的重要条件，是工会开展活动的物质基础，也是工会成为社团法人的重要条件。它具有的特征包括（　）。

A. 受国家法律保护　　B. 具有一定的特殊性

C. 由多种渠道形成　　D. 具有公益性、服务性

E. 受工会组织控制

42. 工会财务工作的主要内容包括（　）。

A. 经费收缴　　B. 预算管理、决算管理

C. 绩效管理　　D. 会计基础工作

E. 财务监督

43. 下列属于财产清查一般程序的有（　）。

A. 组织清查人员学习有关政策规定

B. 制定清查方案

C. 填制盘存清单

D. 编制复查报告

E. 确定清查对象、范围，明确清查任务

44. 下列关于工会财务报表的说法正确的是（　）。

A. 工会财务报表包括会计报表和附注

B. 会计报表分为主表和附表

C. 主表包括资产负债表和资产支出表

D. 附表包括财政拨款收入支出表、国有资产情况表和成本费用表

E. 编制会计报表要做到数字准确、内容完整、报送及时

45. 会计监督的内容包括（　）。

A. 监督经济业务的真实性

B. 监督财务收支的合法性

C. 监督各项财产的完整性

D. 会计监督是一个过程，它分为事前监督、事中监督和事后监督

E. 监督发现问题的整改情况

46. 记账凭证是会计人员根据审核无误的原始凭证进行归类、整理、记载经济业务，确定会计分录，据以登记账簿的一种会计凭证。记账凭证一般可分为（　）。

A. 收款凭证　　B. 付款凭证

C. 支出凭证　　D. 转账凭证

E. 汇款凭证

47. 登记账簿时，可以用红色墨水记账的情况是（　）。

A. 按照红字冲账的记账凭证，冲销错误记录

B. 在不设借贷等栏的多栏式账页中，登记减少数

C. 在三栏式账户的余额栏前，如未印明余额方向的，在余额栏内登记负数余额

D. 根据国家统一会计制度的规定，可以用红字登

记的其他会计记录

E. 在三栏式账页的金额栏前已注明余额方向，且登记正数余额

48. 会计机构负责人、会计主管人员应当具备的基本条件包括（　）。

A. 坚持原则，廉洁奉公

B. 具备会计师以上专业技术职务资格或者从事会计工作不少于一年

C. 熟悉国家财经法律、法规、规章和方针、政策，掌握本行业业务管理的有关知识

D. 有较强的组织能力

E. 身体状况能够适应本职工作的要求

49. 省级工会财务管理部门负责管理和指导管辖范围内各级工会的财务监督工作，主要职责包括（　）。

A. 根据全国总工会有关制度，研究制定本级工会财务监督实施细则，并对下一级工会制定的财务制度进行备案管理

B. 开展工会财务监督理论研究

C. 制定省级工会年度财务监督工作计划

D. 对本级所属单位和下一级工会进行财务监督，并向全国总工会报告年度财务监督工作情况

E. 对在京中央企业工会进行财务监督

50. 财务监督与审计监督的区别主要包括（　）。

A. 监督主体和程序不同

B. 监督覆盖时点不同

C. 政策依据不同

D. 评价判断标准、目标不同

E. 监督方法不同

51. 根据《工会会计制度》的规定，应收款项用于核算的内容包括（　）。

A. 应收上级经费　　B. 应收下级经费

C. 其他应收款　　D. 预付上级经费

52. 下列项目中，基层工会专用的收入类科目有（　）。

A. 会费收入　　B. 行政补助收入

C. 政府补助收入　　　　D. 上级补助收入

53. 下列项目中，县级以上工会专用的收入类科目有（　）。

A. 行政补助收入

B. 拨缴经费收入

C. 政府补助收入

D. 动用预算稳定调节基金

54. 根据《工会新旧会计制度有关衔接问题的处理规定》的规定，固定资产清查的主要内容包括固定资产的（　）。

A. 名称　　　　B. 规格型号

C. 采购日期　　　　D. 价值

55. 根据《工会预算管理办法》的规定，各级工会可以作为项目结转资金的是（　）。

A. 上一年度未全部执行，下年需按原用途继续使用的项目资金

B. 上一年度未全部执行，下年不再按原用途继续

使用的项目资金

C. 上一年度未执行，下年需按原用途继续使用的项目资金

D. 上一年度未执行，下年不再按原用途继续使用的项目资金

56. 工会决算报告是指（　）。

A. 各级工会组织在年度终了按照有关规定编报的年度财务收支决算

B. 各级工会组织所属事业单位在年度终了按照有关规定编报的年度财务收支决算

C. 各级工会组织所属事业单位和企业在年度终了按照有关规定编报的年度财务收支决算

D. 各级工会组织所属企业、协会、学会、基金会年度终了按照有关规定编制的年度会计报告

57. 根据《工会决算报告制度》的规定，工会决算报告的填报范围涉及（　）。

A. 各级工会组织

B. 各级工会组织所属的事业单位、企业、协会、学会、基金会等单位

C. 各基层工会所在的行政单位

D. 与各级工会存在合作关系的其他单位

58. 党政机关应当精简会议，严格执行会议费开支范围和标准。下列费用不可以在会议费中报销的是（　）。

A. 发放纪念品的费用

B. 用会议费购置电脑、复印机、打印机等

C. 标准范围内的会议住宿费、伙食费、会议场地租金、文件印刷费

D. 会议代表参加会议发生的城市间交通费

59. 预算业务不相容岗位应当相互分离，具体包括（　）。

A. 预算编制　　B. 预算审批

C. 预算执行　　D. 预算评价

60. 工会财务监督分为（　）。

A. 日常监督　　B. 重点监督

C. 专项监督　　D. 临时监督

61. 工会财务监督应与（　）有效衔接，充分利用有关部门的监督结果，避免给被监督单位增加不必要的负担。

A. 统计监督　　B. 审计监督

C. 财政监督　　D. 经审监督

62. 工会财务工作的特点是（　）。

A. 独立自主的经费管理体制

B. 法律确定的经费来源

C. 法律明确的经费用途

D. 编制合理的工会经费年度预算

63. 工会应当根据经费独立原则，建立（　）和经费审查监督制度。

A. 预算　　B. 经费收支

C. 财务监督　　D. 决算

64. 工会财务分级管理的内容主要包括（　）。

A. 按照工会层级，由各级工会管理本级各项经费

B. 由各级编制本级预决算

C. 按级向本级会员大会或会员代表大会和上一级工会报告经费收支情况和资产管理情况

D. 各级工会组织及其所属单位要自觉接受全国总工会的统一领导

65. 工会会计核算侧重于（　）经济活动的过程及其成果。

A. 记录　　B. 审查　　C. 反映　　D. 监督

66. 按照《财政部关于印发〈行政事业单位内部控制规范（试行）〉的通知》的要求，建立与实施内部控制，遵循（　）、制衡性和适应性原则。

A. 全面性　　B. 独立性

C. 重要性　　D. 特殊性

67. 工会预算管理职权就是各级工会组织对工会预算的（　）、执行、调整、决算过程进行的组织、指挥、监督、控制和协调工作的职责权限。

A. 编制　　B. 批复

C. 报告　　D. 拨缴

68. 关于工会预算的执行与调整，下列说法正确的有（　）。

A. 各级工会预算由本级工会组织执行，具体工作由财务管理部门负责

B. 预算批准前，上一年结转的项目支出和必要的基本支出不可以提前使用

C. 县级以上工会因处理突发事件、政策性增支及其他难以预见的开支时，需增加预算支出的，不可动用预备费

D. 各级工会应根据年度支出预算和用款计划拨款

69. 关于工会预算的监督与法律责任，下列说法正确的有（　）。

A. 各级工会财务管理部门按照相关规定，对本级所属单位及下一级工会预（决）算进行财务监督

B. 各级工会预算执行情况、决算依法接受政府审计部门的审计监督

C. 县级以上工会预（决）算在工会内部公开，但不准向社会公开

D. 各级工会、各预算单位及工作人员如有虚报、冒领预算资金的，违反规定扩大开支范围、提高开支标准的，责令改正，追回骗取、使用的资金，有违法所得的没收违法所得，对单位给予警告或者通报批评

70. 关于结转结余资金，下列说法正确的有（　）。

A. 结转结余资金是指按照批复的预算，在年度预算执行结束时，未列支的预算资金

B. 结转结余资金与会计账表相关数字可以不一致

C. 年度预算执行结束时，尚未列支的基本支出全部作为结转资金管理，结转下年继续用于基本支出

D. 基层工会当年未执行完毕的上级工会专项转移支付资金，在下一预算年度按结转结余资金

管理

71. 关于建设预算支出标准体系，下列说法正确的有（　）。

A. 工会预算支出标准的制定原则讲求一步到位

B. 工会预算支出标准指各级工会组织对预算事项合理分类并对支出内容分别规定，结合经济社会发展水平，以项目的资产配置量、资产消耗量或业务工作内容为主要对象确定的财务支出标准

C. 推进预算支出标准体系建设对于深化预算管理制度改革、提高资金分配效率和使用绩效具有重要意义

D. 各级工会的组织部门是统筹管理预算支出标准制定工作的职能部门

72. 各级工会组织分析决算报告的方法主要包括（　）。

A. 分类比较法　　B. 趋势分析法

C. 比率分析法　　D. 因素分析法

73. 根据《中华全国总工会办公厅关于印发〈全总本级企事业单位财务管理若干规定〉的通知》，各级工会应对工会所属企事业单位加强全面预算管理，具体做法包括逐步建立工会所属企事业单位财务状况报告制度、(　)。

A. 推进制度改革　　B. 坚持统收统支

C. 法人负责　　D. 加强财务监督

74. 工会预算绩效管理的目的是逐步建立“预算编制有目标、预算执行有监控、(　)”的工会预算绩效管理机制。

A. 预算完成有评价　　B. 评价结果有反馈

C. 反馈结果有应用　　D. 预算结果有效益

75. 关于县级以上工会的工会经费支出监督与评价，下列说法正确的有（　）。

A. 县级以上工会应加强内部控制建设，完善内部控制制度

B. 县级以上工会应全面实施预算绩效管理，加强

预算支出绩效目标管理

C. 财务监督发现的违规违纪违法行为，情节较轻的，移交纪检监察机关处理

D. 使用预算资金的各级各类单位应积极配合监督机构做好财务监督工作，为财务监督工作提供必要的办公条件和工作保障

76. （ ）具有社会团体法人资格。基层工会组织具备《民法典》规定的法人条件的，依法取得社会团体法人资格。

A. 中华全国总工会　　B. 地方总工会

C. 产业工会　　D. 省级工会

77. 工会收入是指工会根据《工会法》以及有关政策规定开展业务活动所取得的非偿还性资金。关于工会收入的特点，下列说法正确的有（ ）。

A. 工会收入是依法取得的

B. 工会收入由单一渠道形成

C. 工会收入具有非偿还性

D. 工会收入能够引起工会净资产的增加

78. 以下报表编制期间仅为年度的是（　）。

A. 资产负债表　　B. 收入支出表

C. 财政拨款收入支出表　　D. 国有资产情况表

79. 下列属于资产类科目的有（　）。

A. 应付职工薪酬　　B. 专用基金

C. 库存现金　　D. 应收上级经费

80. 发出库存物品时，确定其成本可以采用（　）。

A. 先进先出法　　B. 后进先出法

C. 加权平均法　　D. 个别计价法

81. 下列关于各级工会财务在核对原始凭证时的注意事项，说法不正确的有（　）。

A. 凡填有大写和小写金额的原始凭证，大写与小写金额必须相符

B. 一式几联的原始凭证，应当注明各联的用途，一并作为报销凭证

C. 经上级有关部门批准的经济业务，应当将批准

文件作为原始凭证附件，如果批准文件需要单独归档的，应当在凭证上注明批准机关名称、日期和文件字号

D. 原始凭证可以涂改，但不得挖补

82. 下列关于填写会计凭证的要求，说法不正确的有（　）。

A. 汉字大写数字金额可以用简化字代替

B. 阿拉伯数字金额中间有“0”时，汉字大写金额要写“零”字

C. 阿拉伯数字可以连笔写

D. 大写金额数字前未印有货币名称的，应当加填货币名称

83. 设置和登记账簿作为会计核算的一项重要内容，在经济管理中具有重要作用。账簿的主要作用包括（　）。

A. 账簿是连续、系统、全面、完整地登记各项经济业务的工具

B. 账簿资料是编制会计报表的主要依据

C. 账簿资料是检查、分析经济活动的依据

D. 会计账簿不具有专门的格式，是由相互联系的若干账页所组成的

84. 根据《工会法》的规定，工会经费主要用于（　）。

A. 为职工发放集体福利　B. 弥补行政经费不足

C. 为职工服务　D. 工会活动

85. 根据《工会会计制度》的规定，工会会计报表主表主要包括（　）。

A. 资产负债表　B. 收入支出表

C. 往来款项明细表　D. 经费收缴情况表

86. 下列属于工会财务监督主要内容的有（　）。

A. 国家财经法律法规和全总有关财务制度规定执行情况

B. 工会经费计拨、收缴与票据使用管理情况，以及经费开支的真实性、合法性

C. 工会预算编制、审批与执行情况

D. 巡视、政府审计、经费审查审计、财务监督发现问题的整改情况

87. 内部控制关键岗位主要包括（　）。

A. 预算业务管理　　B. 收支业务管理

C. 合同签订与验收　　D. 建设项目管理

88. 下列内容属于经费收缴方面的工会财务会计工作的是（　）。

A. 经费上缴预算编制快速高效

B. 建立健全经费收缴制度

C. 积极贯彻落实经费收缴政策

D. 按进度足额完成预算经费上缴

89. 《工会会计制度》中对工会组织明确规定的会计假设是（　）和货币计量。

A. 会计主体　　B. 持续运行

C. 会计分期　　D. 会计凭证

90. 通常劳动和技能竞赛支出涉及的业务有（　）。

A. 合理化建议　　B. 技术比武

C. 发明创造　　　　　　D. 技术培训

91. 工会财务报表中的收入支出表包括（　）、本期收支差额和年末资金结转结余。

A. 年初资金结转结余

B. 资金结转结余调整及变动

C. 收入

D. 支出

92. 某市总工会为组织劳模职工疗休养，发生住宿费60000元，以银行转账形式支付。会计处理时，下列项目中正确的明细科目有（　）。

A. 维权支出

B. 劳模职工疗休养支出

C. 其他商品和服务支出

D. 其他对个人和家庭的补助

93. 某市总工会开展职工技能大赛，以银行转账形式支付设备租赁款30000元。会计处理时，下列项目中正确的明细科目有（　）。

A. 业务支出

B. 劳动和技能竞赛活动支出

C. 其他商品和服务支出

D. 租赁费

94. 工会预算绩效评价工作包括（　）等工作程序。

A. 确定绩效评价对象

B. 撰写绩效评价通知

C. 制定绩效评价工作方案

D. 建立绩效评价档案等业务支出

95. 关于乡镇（街道）、开发区（工业园区）工会和基层工会的经费分成比例，下列说法正确的有（　）。

A. 全国工会经费全年收入的95%留在地方和基层工会；全国总工会本级集中5%

B. 基层工会的经费分成比例不高于60%

C. 各省级工会明确所辖乡镇（街道）、开发区（工业园区）工会的经费分成比例，不必报全国总工会备案

D. 基层工会的经费分成比例现低于 60% 的，一律调整为 60%

96. 关于工会预算管理的原则和要求，下列说法正确的有（　）。

A. 编制收入预算要考虑包含工会及所属预算单位的全部收入

B. 预算年度自公历 1 月 1 日起至 12 月 31 日止

C. 工会预算管理实行下管一级的原则

D. 县级以上工会行政性支出预算，应参照上级政府的有关规定、制度、费用标准以及核定的人员编制编列

97. 拨缴工会经费的方式有（　）。

A. 自主拨缴工会经费

B. 委托税务代收工会经费

C. 上级工会组织拨付工会经费

D. 财政划拨工会经费

98. 关于县级以上工会的工会经费支出范围，下列说法

正确的有（　）。

A. 县级以上工会不得对下级工会给予一般性转移支付和专项转移支付补助

B. 县级以上工会的工会经费支出是指县级以上工会为开展工会工作和为职工维权服务所发生的各项支出

C. 项目支出预算以项目库为载体实行零基预算管理

D. 基本支出预算实行定员定额管理

99. 根据《基层工会经费收支管理办法》的规定，工会经费使用"八不准"的内容包括（　）。

A. 不准用工会经费购买购物卡、代金券等，搞请客送礼等活动

B. 不准违反工会经费使用规定，滥发津贴、补贴、奖金

C. 不准用工会经费支付高消费性的娱乐健身活动

D. 不准单位行政利用工会账户，违规设立"小金库"

100. 根据《工会预算管理办法》的规定，各级工会、

各预算单位有下列行为之一的，责令改正，对负有直接责任的主管人员和其他直接责任人员追究行政责任，（　）。

A. 未按本办法规定编报本级预（决）算草案、预算调整方案和批复预（决）算的

B. 虚列收入和支出的

C. 截留、挪用、拖欠拨缴经费收入的

D. 未经批准改变预算支出用途的

参考答案

一、单项选择题

1. B	2. A	3. D	4. C	5. A
6. D	7. A	8. A	9. A	10. A
11. A	12. D	13. C	14. C	15. B
16. C	17. D	18. B	19. A	20. C
21. C	22. D	23. B	24. D	25. C
26. C	27. C	28. C	29. A	30. D
31. C	32. D	33. C	34. B	35. C
36. D	37. B	38. C	39. D	40. D
41. C	42. D	43. C	44. B	45. B
46. D	47. C	48. C	49. D	50. A
51. B	52. A	53. D	54. D	55. D
56. D	57. C	58. A	59. D	60. C
61. C	62. C	63. A	64. A	65. A

66. C	67. B	68. D	69. B	70. C
71. D	72. A	73. D	74. C	75. C
76. D	77. C	78. A	79. B	80. C
81. D	82. B	83. B	84. C	85. A
86. B	87. D	88. A	89. B	90. D
91. B	92. A	93. C	94. A	95. A
96. D	97. D	98. A	99. A	100. C
101. C	102. A	103. A	104. A	105. D
106. C	107. A	108. A	109. B	110. B
111. A	112. C	113. D	114. D	115. B
116. C	117. D	118. B	119. D	120. A
121. C	122. D	123. D	124. C	125. B
126. C	127. A	128. A	129. B	130. D
131. D	132. C	133. A	134. D	135. A
136. D	137. A	138. D	139. B	140. B
141. B	142. C	143. D	144. C	145. A
146. A	147. B	148. A	149. A	150. A
151. C	152. B	153. D	154. A	155. C

156. A	157. C	158. B	159. C	160. A
161. C	162. A	163. B	164. B	165. C
166. B	167. A	168. D	169. D	170. B
171. A	172. A	173. D	174. A	175. B
176. A	177. B	178. A	179. B	180. A
181. C	182. D	183. D	184. A	185. A
186. D	187. C	188. A	189. C	190. C
191. C	192. C	193. C	194. D	195. B
196. B	197. B	198. A	199. D	200. D

二、多项选择题

1. ACDE	2. ABCD	3. ABC	4. ABCDE	5. ABCD
6. AB	7. ABCDE	8. ABD	9. ABC	10. ABCD
11. CDE	12. CD	13. CDE	14. AB	15. ABCDE
16. ABC	17. ABCDE	18. ABCDE	19. ABCD	20. BCDE
21. ABCD	22. ABC	23. AB	24. ABC	25. ABCDE
26. BCDE	27. ABCDE	28. ABCDE	29. ACDE	30. ACE
31. ABC	32. ABD	33. ABCE	34. AB	35. ABC
36. AB	37. BCD	38. ABDE	39. ABCD	40. DE
41. ACD	42. ABCDE	43. ABCE	44. ABDE	45. ABCD
46. ABD	47. ABCD	48. ACDE	49. ACD	50. ABE
51. ABC	52. AB	53. CD	54. ABCD	55. AC
56. ABD	57. AB	58. ABD	59. ABCD	60. AC
61. BCD	62. ABC	63. AD	64. ABC	65. ACD

66. AC	67. AB	68. AD	69. ABD	70. AC
71. BC	72. ABCD	73. BCD	74. ABC	75. ABD
76. ABC	77. ACD	78. CD	79. CD	80. ACD
81. BD	82. AC	83. ABC	84. CD	85. AB
86. ABCD	87. ABD	88. BCD	89. ABC	90. ABCD
91. ABCD	92. BC	93. BD	94. ACD	95. AD
96. ABC	97. ABD	98. BCD	99. ABCD	100. ABCD